Super-meilleur copain

SAVINE PIED
&
MÉLI MARLO

Illustrations
de PHILIPPE DIEMUNSCH

Chapitre 1

– Je vais habiter au bord de la mer ! annonce Gaspard très fier.

Dans la cour de récréation, les enfants lui posent des milliers de questions :

– Comment est ta nouvelle maison ? demande Léo.

– Elle est grande comme un bateau accroché aux rochers, répond Gaspard.

– Est-ce que tu as un jardin ? demande Lili.

– Un grand jardin avec un cerisier sur lequel on peut grimper.

– Et ta chambre, comment est ta chambre ? demande Juliette.

Gaspard sourit :
– Elle a une grande fenêtre et,
par la fenêtre, je vois les mouettes.

Dans son coin, seul Oreste ne dit rien.

– Tu n’es plus mon super-meilleur copain ? s’inquiète Gaspard.
Oreste ne répond pas.
Il devrait être content puisque Gaspard est content.

Mais rien à faire. Oreste est triste, très triste parce que Gaspard va partir. Et lui, Oreste, il va rester.

Ils n'iront plus à la boulangerie acheter d'énormes pains au chocolat et des paquets de fruits confits.

Plus de parc
ni de tourniquet
à s'en donner
le tournis.

Plus de balançoire
pour s'envoler
et toucher le ciel
avec les pieds.

Ils ne pourront plus parler et rigoler
dès que la maîtresse a le dos tourné.

Ils ne s'assiéront plus
sur le banc, près
du grand arbre
de la cour, pour
se raconter des secrets.

Sans Gaspard, c'est sûr,
Oreste va s'ennuyer.

AU REVOIR
GASPARD

Chapitre 2

La maîtresse a toujours de bonnes idées. Pour dire au revoir à Gaspard, elle organise un goûter. Un grand goûter avec des crêpes et du chocolat chaud.

– Tu ne manges pas, Gaspard ? s'étonne la maîtresse.

Dans son coin,
Gaspard ne dit rien.
Oreste apporte à son
ami une crêpe à la
confiture d'abricots,
leur confiture
préférée.
Mais Gaspard
fait non de la tête
et regarde par
la fenêtre.

Et là, Oreste voit
l'énorme camion
qui vient d'arriver. Le camion
de déménagement qui va emmener
au loin son super-meilleur copain.
– Tu es sûr que tu ne peux pas rester ?
demande Oreste à Gaspard.

Gaspard fronce les sourcils.
– Non, dit-il, non, je pars,
mais, avec ce gros camion,
je dois pouvoir emporter…
le parc et le tourniquet.

Et puis aussi la boulangère,
la boulangerie, ses pains au chocolat
et les paquets de fruits confits.
La balançoire, la maîtresse,
le banc dans la cour et le grand arbre
aux secrets !

Mais Oreste sait, et Gaspard
sait aussi, que, quand on part,
on ne peut pas tout avoir.

BOULANGERIE

Quand Gaspard est parti,
il faisait froid. C'était l'hiver.
Maintenant, les fleurs poussent
dans le parc à côté du tourniquet.
C'est le printemps.
Oreste montre à la maîtresse la lettre
qu'il a reçue de Gaspard.

Sur la lettre, Gaspard
a dessiné sa grande
maison avec
beaucoup d'escaliers,
la mer, les rochers et
les mouettes dans le ciel.
Tout en bas, dans un
coin de la lettre, Gaspard
s'est aussi dessiné.
À côté, il a dessiné Oreste.

Gaspard

Chapitre 3

Décidément, la maîtresse
a toujours de bonnes idées.
Elle a organisé un voyage
en car au bord de la mer.
– Nous allons ramasser
des coquillages et construire
d'immenses châteaux
de sable,
annonce-t-elle.

Puis elle ajoute :

– Et peut-être rendrons-nous visite à Gaspard…

Oreste serre son pique-nique contre lui. Dans le car, tous les enfants, Lili, Léo, Juliette et les autres, chantent à tue-tête.

Après un long voyage, le car s'arrête près d'une plage.

Oreste sent son
cœur tout bizarre.
Sur la plage, il voit
Gaspard entouré
des enfants de
sa classe.

Lui aussi est venu
ramasser des coquillages et
construire des châteaux de sable.

Oreste et Gaspard se regardent.
Ils sont contents.

– Ta nouvelle
maîtresse a l'air
gentille aussi,
dit Oreste
à Gaspard
qui sourit.

Oreste et Gaspard ont joué toute la journée. À regarder les mouettes pêcher. À grimper sur les rochers. À s'allonger sur le sable pour se raconter des secrets.

Quand le car est reparti, Oreste a pleuré parce qu'il voulait rester. Mais il reviendra.
Maintenant il sait, et Gaspard sait aussi, que, quand on est vraiment amis, c'est sûr, c'est pour la vie.

FIN

300, rue Léon-Joulin, 31101 Toulouse Cedex 9 – France

Loi 49.956 du 16.07.1949
Dépôt légal : 3e trimestre 2002
ISBN : 2-7459-0672-0
Imprimé en Belgique